27 février 1782

Bazan

8° V 3c

1888

VENTE

D'UNE COLLECTION

De Deſſins & Eſtampes de différens Maîtres anciens & modernes, le Mercredi 27 Février 1782, & jours ſuivans, de relevée, à l'Hôtel de Bullion, rue Plâtriere, où l'on pourra voir les objets le Mercredi 27 le matin.

La Notice s'en diſtribue chez le Sieur BASAN, rue & Hôtel Serpente.

DESSINS ENCADRÉS.

N°. 1. ALEXANDRE viſitant Diogene; grande compoſition en travers de vingt figures, par Durameau.

2 Un grand Payſage très-pittoreſque, au biſtre, par Le Sueur, jeune Artiſte.

3 Quatre Sujets d'Hiſtoire, au biſtre & à la plume.

4 Deux Deſſins à la plume, par La Fage, dont Énée ſauvant ſon pere.

5 Deux Payſages longuets, Vues d'après nature & coloſés, par Bellangé.

A

6 Deux Deſſins de Ruines, en hauteur, d'a-
près de Machy.

7 Deux, Offrande à l'Amour & pendant,
à la plume & au biſtre, par Moreau le
jeune.

8 Deux, Préſentation au Temple, & Sujet
de Vierge, ſur papier bleu, aux crayons
noir & blanc, par un Maître Italien.

9 Pan & Syrinx, Deſſin à la plume & au
biſtre, ſavamment exécuté.

10 L'Annonciation, Deſſin à l'encre de la
Chine, attribué au Pouſſin.

11 Payſage montagneux, avec figures, à la
pierre noire, par Lantara.

12 Quatre grandes Ruines, avec figures &
payſages, à la gouache.

13 Béliſaire recevant l'Aumône ; compoſition de douze figures, à la plume & au
biſtre, par Pariſeau.

14 Deux Payſages pittoreſques, ornés de
figures, deſſinés d'après nature, par N.
Lempereur, à la pierre noire.

15 Agar répudiée ; Sujet en hauteur, au
biſtre & à la plume, très-ſpirituellement
deſſiné, par F. Boucher.

16 Trois Sujets de femmes, à la pierre noire
& ſanguine, deſſinés d'après Boucher,
dont le Trait dangereux, &c.

17 Trois jolis Payſages très-pittoreſques, à
la pierre noire, par Pillement.

18 Trois petits Payſages, de forme ronde,
à gouache, par Barbier.

19 Une pleine Campagne, où l'on voit un moulin à vent & un grouppe de six figures sur le devant, à la sanguine, par Bounieu.

20 Un Choc de huit Cavaliers, le sabre & pistolet en mains, Dessin coloré, par Pan.

20 *bis* Un Cheval attaché à une branche d'arbre, à l'encre de la Chine, par le même.

21 Sept petits Sujets divers, d'après Boucher & autres.

21 *bis* Deux sujets d'Animaux, au bistre, par Palmiéri.

Deux Paysages ornés de figures, par Huet.

22 Deux autres Paysages colorés, par Pérignon.

Un autre idem, par Moreau l'aîné.

22 *bis* Deux idem, Vues des Environs de Lyon, par Bellangé.

23 Plusieurs jolis Paysages colorés, & ornés de figures, par Reyser & Moreth.

23 *bis* Un homme jouant du tambourin, & faisant danser des Marionnettes; charmant Dessin au bistre, par le Prince.

24 Diane & Endymion, à la sanguine, par Fr. Boucher; & trois Têtes d'Enfans, sur papier bleu, par le même.

DESSINS EN FEUILLES.

25 Quatre Deſſins de différens Maîtres Italiens, Bandinelli, Cangiage, &c.

25 *bis* Deux, par Civoli, au biſtre, dont un
Pape aſſis, & entouré de pluſieurs Saints,
&c.

26 Diane ſurpriſe au bain, aux crayons
noir & rouge, dans le ſtyle de C. Ci-
gnani.

26 *bis* Quatre petits Deſſins Italiens, par Ra-
phaël, Daniel de Volterre, Zuccaro,
&c. dont Moyſe tenant les tables de la
Loi, &c.

27 Deux grandes Compoſitions de la Déco-
lation de Saint Jean, & d'une Peſte, à
l'encre de la Chine, rehauſſée de blanc,
d'un bel effet.

28 Saint Jean prêchant dans le déſert,
grande compoſition en travers, à la plume
& au biſtre, ſavamment deſſiné, par And.
F. Both.

29 Une branche d'Abricotier en fleurs, deſ-
ſinée en couleurs, par P. van Loo.

30 Quatre branches de Tulipes & autres
Fleurs, colorées, par Agricola.

31 Une Corbeille de Fleurs, Pavots, Ro-
ſes, &c. par P. van Loo.

32 Un grand Vaſe rempli de différentes
Fleurs, poſé ſur une pierre, ſur laquelle
eſt un Melon & du Raiſin, coloré d'après
nature, par le même.

33 Autre grand Vase, de même genre,
avec Pêches, Raisins & Noix, du plus
grand effet, par le même P. van Loo.

34 Une Corbeille d'osier, remplie de divers
Fruits d'Automne, Figues, Raisins, &c.
Elle est posée sur une table à côté d'un
vase : le tout coloré très-vigoureusement,
par Wyne.

35 Neuf Dessins par différens Maîtres Italiens, Zuccaro, & autres.

36 Sept Paysages pittoresques, au bistre &
à la sanguine, par B. Breemberg, van
Bloom, &c.

37 Quatre petits sujets divers, dont deux
par Ad. van Ostade, à la plume, très-
spirituellement touchés.

38 Cinq Paysages, Ruines & Marines, par
Mérings, Bischop, &c.

39 Sept autres idem, par vander Neer,
Doomer, &c. au bistre & à l'encre de la
Chine.

40 Quatre Paysages pittoresques, au bistre,
&c. par P. Bril, Moucheron, &c.

41 Cinq petites Vues de différens Villages
de la Hollande, à la plume & au bistre,
par la Fargue.

42 Huit autres petites Vues diverses, dessinées d'après nature, par le même.

43 Neuf sujets divers, par J. Luyken,
Lairesse, & autres, à la plume & au bistre.

44 Quatre sujets différens, par Vercolye,

Campagne Hollandoise, colorés, par Lien-
dess.

60 Deux, Portraits d'Homme & Femme,
deffinés à la mine de plomb, par C. Viff-
cher.

61 Deux, Scene de Comédie, & Vénus &
Adonis, par Dubourg, &c.

62 Cinq petits Sujets d'Enfans & autres,
colorés, par le même.

63 Un Christ mort, deffiné en couleurs,
d'après un Tableau Italien, par le même.

64 Les trois Vertus Théologales, auffi colorées, par le même.

65 Deux petites Marines, colorées, par
P. van Loo.

66 Deux petits Payfages mêlés d'architec-
ture, & colorés, par Villequin.

67 Deux autres Payfages avec figures, colorés, par Verftraeten.

68 Cinq petites Vues colorées des Environs
d'Amfterdam, par Schouyten.

69 Deux jolies Vues de Villages Hollandois, colorées, par le même.

70 Deux petits Payfages pittorefques, &
colorés, par Cofter.

71 Deux Vues de Villages d'Hollande, ornés de beaucoup de figures & animaux, à
la plume & au biftre, par Breughels de
Velours.

72 Trois petites Marines, au biftre & pierre
noire, par G. vanden Velde.

8 **DESSINS EN FEUILLES.**

73 Quatre, Ruines & Paysages, par Goerd & Fr. Bolognese, à la plume, & lavés.

74 Deux jolis petits Paysages, à la pierre noire, par Spilman.

75 Deux Vues de Villages Hollandois, à l'encre de la Chine, par la Fargue.

76 Deux superbes Marines, à l'encre de la Chine, par G. vanden Velde.

77 Quatre, Ruines & Paysages, par B. Breemberg, au bistre & à l'encre do la Chine.

78 Dix-neuf petites Vues de Rome, &c. dessinées avec esprit, & ornées de beaucoup de figures, à la plume, par Silvestre, sur papier jaune.

79 Trois petits Sujets de plafonds, lavés en couleurs & au bistre, très spirituellement dessinés, par Dewit.

80 Quatre autres Sujets d'Enfans & Têtes, par le même.

81 Un joli Sujet d'Enfans, colorié, par le même, & une petite Annonciation.

82 Cinq petits Sujets & Têtes, par Rembrandt & Ostade, à la plume & au bistre.

83 Une Halte de plusieurs Cavaliers près d'une tente, à l'encre de la Chine, par Verschuring.

84 Deux Paysages & Sujets d'animaux, par van Romeyn & Carré, à l'encre de la Chine.

85 Deux Sujets de l'Histoire sainte, par B. Picart & G. Hoet.

DESSINS EN FEUILLES.

86 Deux autres idem, par G. Hoet, à l'encre de la Chine.

87 Douze, Paysages & Sujets divers, par Rembrandt, Waterloo, &c.

88 Douze, Sujets divers, par différens Maîtres Italiens & autres.

89 Une Fuite en Egypte, par le Bachiche.

90 Divers Dessins de composition, par Lépicié & autres.

90 *bis* Trois, Sujets divers & Paysages, ornés de figures, par le Prince.

91 Deux petits Sujets précieusement dessinés à la mine de plomb, d'après deux Tableaux de Gérard Dow.

91 *bis* Deux, Portraits de Guerrier & Artiste, par Hyac. Rigaud, dessinés sur papier bleu.

ESTAMPES ENCADRÉES.

92 La Tente de Darius, grande piece, d'après Le Brun.

92 *bis* La Mort du Général Wolff; premiere épreuve, par Woollett.

93 William Penns traitant avec les Indiens; idem.

94 Le Jardin d'Amour, & pendant, par Lempereur, avant la lettre.

95 Sainte Génevieve, par Balechou.

96 Les Baigneuses, par le même, d'après Vernet.

97 Le Calme & la Tempête, par les mêmes, premieres épreuves.

98 La Dame bienfaisante, d'après Greuze.

99 Le Geste Napolitain, idem, avant la lettre.

100 Le Marchand de Lunettes, d'après Le Prince, avant la lettre.

101 Les Fruits de l'Amour secret, d'après Baudouin, avant la lettre.

102 Douze grandes Ruines & Vues de Rome, par Piranese, avec bordures noires.

103 L'Adoration du Veau d'or, d'après le Poussin, par Baudet.

104 Saint Bruno en prieres, par Natalis, d'après Bertholet.

105 Le Portrait de M. Bossuet en pieds, par Drevet, d'après Rigaud.

106 Plusieurs Estampes en maniere noire & autres, qui seront divisées.

107 Plusieurs autres, par Rembrandt & Schmidt, dont l'Annonce aux Bergers, le Baptême de l'Eunuque, &c.

ESTAMPES EN FEUILLES.

108 Le Roi boit, d'après Jordans, par P. Pontius, anc. épr.

109 Le Christ entre les deux Larrons, d'après Rubens, par Bolswert, sup. épr.

110 La Descente du Saint-Esprit sur les

Apôtres, d'après le même, par P. Pontius, anc. épr.

111 La Conversion de Saint Paul, par Bolswert; prem. épr.

112 La Dispute des Docteurs de l'Église, d'après Rubens, par Snyers ; & les quatre Évangélistes.

113 Un Christ mort, gravé par Roullet, d'après le Guerchin; & le Déluge, d'après Alex. Véronese, par Edelinck.

114 La Vierge à la danse des Anges, d'après van Dyck; premiere épr.

115 Les deux grands Sujets de Renaud & Armide, d'après van Dyck, par P. de Jode, &c. superbes épr.

116 La Souricière, par C. Visscher ; b. épr.

117 Mercure & Argus, d'après Jordans, par Bolswert.

118 La Bataille des Paysans, d'après Breughels, par Vorsterman.
    Le Combat de quatre Cavaliers, par Edelinck.

119 Le Repos en Égypte, d'après le Correge, par Earlom; prem. épr. avant la lettre.

120 Lady Stanhope en pied, par Watson ; prem. épr. avant la lettre ; & le Portrait de Barretti, par Wats, en maniere noire.

121 Vénus & l'Amour, & la Naissance de Vénus, en maniere noire; toutes deux prem. épr. avant la lettre.

122 La Danse, Sujet allégorique en hauteur, composé de six figures, d'après le

Chevalier Reynolds ; prem. épr. avant la lettre.

123 Deux Pieces , les Enfans de Turenne, par Melini ; & un sujet de format in 4°. par Bartolozzi, fait pour un bal de Wilkes, lorsqu'il fut nommé Lord-Maire à Londres.

124 Deux Pieces , Tarquin & Lucrece , par Tanjé ; d'après L. Jordano : & Vénus sur les eaux , d'après Boucher.

125 Le Paralytique, & l'Accordée de Village , par Flipart , d'après Greuze ; des prem. épr.

126 La Mere bien-aimée , d'après le même, par Maffard ; & le Gâteau des Rois, par Flipart , avant la lettre.

127 Le Mariage à la mode, en six Pieces ; la Fille débauchée , aussi en six Pieces : des prem. épr. par Hogarth.

127 *bis* Huit autres Pieces idem ; les quatre Ages , & les quatre Heures du Jour.

128 Deux Pieces , par le même, devant & après.

128 *bis* Soixante - deux feuilles d'Animaux colorés , par Ridinger , &c. Papillons, Poissons , &c.

129 Deux Manieres noires , Sainte Genevieve , d'après C. Vanloo, & le Marquis Tavistok , avant la lettre.

129 *bis* Deux autres, dont le Portrait de Rembrandt, par Earlom, & Edoward Montague, par Smith, d'après Rembrandt.

130 Deux autres, dont l'Enfant au pigeon,
d'après le Mole, & le Turc amoureux :
toutes les deux avant la lettre.

130 *bis* Trois autres Manieres noires, aussi
avant la lettre, d'après Ang. Kauffmann,
&c.

131 Deux autres, dont le Philosophe, &
Amand condamné, d'après Rembrandt.

132 Le Duc de Richemond en pied, d'après
van Dyck, par Earlom, avant la lettre.

133 Le même Portrait, avec la lettre.

134 The Musical Lady, d'après Metzu, par
Watson ; prem. épr. avant la lettre.

135 Una dans la forêt s'entretenant avec
un lion, d'après West, par Earlom.

136 Le Port de Dieppe, d'après Vernet,
par Cochin & Le Bas, avant la lettre.

137 Six Paysages, d'après Dietricy & Vernet, dont plusieurs avant la lettre.

138 Onze Ruines diverses, d'après Barbault
& autres.

139 Vingt-une Pieces historiques, par R.
de Hooge & autres.

140 Quatre autres idem, par Benoît, Moreau, &c.

141 L'Illumination de Versailles sur la ter-
rasse du Château, pour la naissance du
Duc de Bourgogne en 1751 ; & l'Entrée
de l'Ambassadeur de l'Empire dans Paris
en 1752.

142 Le Portrait de Dilgerus, chef-d'œuvre
d'Edelinck : sup. épr.

143 Trois Portraits, dont le petit Keller,
   par Edelinck ; Louis XIV en pied, & Ma-
   rin, par Masson.
144 Cinq autres, par Drevet & Edelinck,
   dont le Cardinal Dubois, Mouton, Rigaud, &c.
145 Vingt-deux Portraits divers, par Edelinck & Masson.
146 Cinq grandes Pieces, d'après Rubens ;
   Massacre des Innocens, &c.
147 Six Sujets divers, d'après le Poussin &
   Coypel, dont plusieurs de la Galerie du
   Palais Royal.
148 Quatre grandes Pieces, d'après Le
   Brun, &c. dont la Famille de Darius aux
   pieds d'Alexandre.
149 Trois grands Sujets de Thèses, dont
   celle de la Paix, par Edelinck, &c.
150 Huit grandes Pieces, d'après l'Albane
   & Boucher ; Sujets de Psiché, &c.
151 Quatre Pieces au lavis & en couleurs,
   par Charpentier, Janinet, &c.
152 Vingt-deux, Paysages & Sujets divers,
   par différens Maîtres.
153 Trente-trois autres, idem.
154 Trente-cinq, différens Sujets, par Cal-
   lot, dont la grande Foire de Nancy, la
   Chasse, &c.
155 Neuf Pieces, par vanden Velde & le
   Comte Goudt, anciennes épr. dont la
   Sorciere, &c.
156 Soixante Pieces, par le Prince, Saint-

Non, & autres, à l'eau-forte & au lavis.

157 Un lot de plus de cent cinquante Vignettes de Gravelot, Choffard & autres, pour Daphnis & Chloé, &c.

158 Trente-cinq Pieces, par Goltzius & autres.

____

159 Un volume in-folio, en parchemin, contenant la suite des Portraits des Plénipotentiaires de la Paix de Munster, en cent trente-une Planches, avec explication.

160 La Caravanne des Pensionnaires de l'Académie de Peinture à Rome, en trente Planches, par Vien.

161 Mascarade à la Grecque, par Boffi, en dix Planches, imprimées sur papier bleu, & rehaussé de blanc.

162 L'Anatomie de Tortebat; in-folio, broché.

163 Une suite de cent Planches gravées à l'eau-forte à Dusseldorff, d'après des Dessins de différens grands Maîtres Italiens & Flamands qui sont à l'Académie Electorale Palatine; en 2 brochures in-folio.

164 La Tragédie de Rosmunda, avec une Planche à la tête gravée par Bartolozzi, d'après Cipriani; in-4°. broché.

____

165 Le Catalogue de la Vente Mariette, en 2 vol. reliés avec du papier blanc entre chaque feuille.

766 Le Catalogue Neyman & celui de Gagny, reliés de même.

767 Plusieurs autres Catalogues de différentes Ventes, brochés.

---

768 Un Portefeuille de Dessins & Estampes qui seront divisés.

F I N.

Lû & approuvé ce 25 Fév. 1782, RENOU, pour M. COCHIN.

De l'Imprimerie de PRAULT, Imprimeur du Roi, quai des Augustins.